AO MEU AMOR SEREI ATENTO

VINICIUS DE MORAES
AO MEU AMOR SEREI ATENTO

COMPANHIA DAS LETRAS

COPYRIGHT © 2025 BY V. M. EMPREENDIMENTOS ARTÍSTICOS
E CULTURAIS LTDA.
WWW.VINICIUSDEMORAES.COM.BR

*GRAFIA ATUALIZADA SEGUNDO O ACORDO
ORTOGRÁFICO DA LÍNGUA PORTUGUESA DE 1990,
QUE ENTROU EM VIGOR NO BRASIL EM 2009.*

CAPA E PROJETO GRÁFICO
CLAUDIA WARRAK

REVISÃO
JANE PESSOA
ADRIANA MOREIRA PEDRO

DADOS INTERNACIONAIS DE CATALOGAÇÃO NA PUBLICAÇÃO (CIP)
(CÂMARA BRASILEIRA DO LIVRO, SP, BRASIL)

MORAES, VINICIUS DE, 1913-1980.
AO MEU AMOR SEREI ATENTO / VINICIUS DE MORAES. — 1ª ED. —
SÃO PAULO : COMPANHIA DAS LETRAS, 2025.

ISBN: 978-85-359-4051-0

1. POESIA BRASILEIRA I. TÍTULO.

25-267213   CDD-B869.1

ÍNDICE PARA CATÁLOGO SISTEMÁTICO:
1. POESIA : LITERATURA BRASILEIRA B869.1

CIBELE MARIA DIAS — BIBLIOTECÁRIA — CRB-8/9427

TODOS OS DIREITOS DESTA EDIÇÃO RESERVADOS À
EDITORA SCHWARCZ S.A.
RUA BANDEIRA PAULISTA, 702, CJ. 32
04532-002 — SÃO PAULO — SP
TELEFONE: [11] 3707-3500
WWW.COMPANHIADASLETRAS.COM.BR
WWW.BLOGDACOMPANHIA.COM.BR
FACEBOOK.COM/COMPANHIADASLETRAS
INSTAGRAM.COM/ COMPANHIADASLETRAS
X.COM/CIALETRAS

SUMÁRIO

APRESENTAÇÃO 11

NAMORADOS NO MIRANTE 15
SONETO DO MAIOR AMOR 16
EU SEI QUE VOU TE AMAR 17
MADRIGAL 18
SONETO DO CORIFEU 19
SONETO DA ROSA TARDIA 20
AUSÊNCIA 21
EU NÃO EXISTO SEM VOCÊ 23
A MULHER QUE PASSA 26
PELA LUZ DOS OLHOS TEUS 28
CANÇÃO PARA A AMIGA DORMINDO 29
SONETO DA MULHER AO SOL 30
AMOR EM PAZ 33
TERNURA 34
A BRUSCA POESIA DA MULHER AMADA 35
A BRUSCA POESIA DA MULHER AMADA (II) 36
A BRUSCA POESIA DA MULHER AMADA (III) 38
SONETO DE INSPIRAÇÃO 40
CARNE 41
ELEGIA LÍRICA 44
A QUE VEM DE LONGE 54
TEU NOME 56
SONETO DE SEPARAÇÃO 57
RETRATO DE MARIA LÚCIA 58
SONETO DO AMOR TOTAL 59
TOMARA 61
O MAIS-QUE-PERFEITO 62

SONETO DO AMOR COMO UM RIO 63
SONETO DE MARTA 64
ANFIGURI 65
O VERBO NO INFINITO 68
CONJUGAÇÃO DA AUSENTE 69
UM BEIJO 71
SONETO DE MONTEVIDÉU 73
O QUE TINHA DE SER 74
AMOR 75
CARTA DO AUSENTE 76
SONETO DE FIDELIDADE 79
SERENATA DO ADEUS 81
NA ESPERANÇA DE TEUS OLHOS 83
OS ACROBATAS 85

CRÉDITOS DAS IMAGENS 91
SOBRE O AUTOR 93

APRESENTAÇÃO

"Que não seja imortal, posto que é chama/ Mas que seja infinito enquanto dure", proclama Vinicius de Moraes em 1939 naquele que se tornaria um dos poemas mais apaixonantes da língua portuguesa.

Mais de oito décadas depois, "Soneto de fidelidade" segue em nosso imaginário coletivo como um verdadeiro hino de celebração ao amor, que abarca tanto o êxtase e o arrebatamento amoroso quanto as fragilidades, as dúvidas e os temores da entrega.

Em *Ao meu amor serei atento*, o leitor vai encontrar poemas que descrevem a "eterna aventura" nas palavras de um de seus mais consagrados entusiastas. Em toda a sua obra, Vinicius nos ensina a viver "cada instante/ Desassombrado, doido, delirante/ Numa paixão de tudo e de si mesmo".

NAMORADOS NO MIRANTE*

Eles eram mais antigos que o silêncio
A perscrutar-se intimamente os sonhos
Tal como duas súbitas estátuas
Em que apenas o olhar restasse humano.
Qualquer toque, por certo, desfaria
Os seus corpos sem tempo em pura cinza.
Remontavam às origens — a realidade
Neles se fez, de substância, imagem.
Dela a face era fria, a que o desejo
Como um íctus, houvesse adormecido
Dele apenas restava o eterno grito
Da espécie — tudo mais tinha morrido.
Caíam lentamente na voragem
Como duas estrelas que gravitam
Juntas para, depois, num grande abraço
Rolarem pelo espaço e se perderem
Transformadas no magma incandescente
Que milênios mais tarde explode em amor
E da matéria reproduz o tempo
Nas galáxias da vida no infinito.

Eles eram mais antigos que o silêncio…

RIO, 1960

* Feito para uma fotografia de Luiz Carlos Barreto. [Nota de V. M.]

SONETO DO MAIOR AMOR

Maior amor nem mais estranho existe
Que o meu, que não sossega a coisa amada
E quando a sente alegre, fica triste
E se a vê descontente, dá risada.

E que só fica em paz se lhe resiste
O amado coração, e que se agrada
Mais da eterna aventura em que persiste
Que de uma vida mal-aventurada.

Louco amor meu, que quando toca, fere
E quando fere vibra, mas prefere
Ferir a fenecer — e vive a esmo

Fiel à sua lei de cada instante
Desassombrado, doido, delirante
Numa paixão de tudo e de si mesmo.

OXFORD, 1938

EU SEI QUE VOU TE AMAR

COM COAUTORIA DE ANTONIO CARLOS JOBIM

Eu sei que vou te amar
Por toda a minha vida, eu vou te amar
Em cada despedida, eu vou te amar
Desesperadamente
Eu sei que vou te amar

E cada verso meu será
Pra te dizer
Que eu sei que vou te amar
Por toda a minha vida

Eu sei que vou chorar
A cada ausência tua, eu vou chorar
Mas cada volta tua há de apagar
O que esta tua ausência me causou

Eu sei que vou sofrer
A eterna desventura de viver
À espera de viver ao lado teu
Por toda a minha vida

MADRIGAL

PRA TATI

Nem os ruídos do mar, nem os do céu, nem as
    [modulações frescas da campina; nem os
    [ermos da noite sussurrando sossegos na
    [sombra, nem os cantos votivos da morte,
    [nem as palavras de amor lentas, perdidas;
    [nem vozes da música, nem o eco patético
    [das lamentações; nenhum som, nada
É como o doce, inefável ruído que meu ouvido
    [ouve quando se pousa em carícia, ó minha
    [amiga, sobre a carne tenra da tua barriguinha.

SONETO DO CORIFEU

São demais os perigos desta vida
Para quem tem paixão, principalmente
Quando uma lua surge de repente
E se deixa no céu, como esquecida.

E se ao luar que atua desvairado
Vem se unir uma música qualquer
Aí então é preciso ter cuidado
Porque deve andar perto uma mulher.

Deve andar perto uma mulher que é feita
De música, luar e sentimento
E que a vida não quer, de tão perfeita.

Uma mulher que é como a própria Lua:
Tão linda que só espalha sofrimento
Tão cheia de pudor que vive nua.

RIO, 1956

SONETO DA ROSA TARDIA

Como uma jovem rosa, a minha amada…
Morena, linda, esgalga, penumbrosa
Parece a flor colhida, ainda orvalhada
Justo no instante de tornar-se rosa.

Ah, por que não a deixas intocada
Poeta, tu que és pai, na misteriosa
Fragrância do seu ser, feito de cada
Coisa tão frágil que perfaz a rosa…

Mas (diz-me a Voz) por que deixá-la em haste
Agora que ela é rosa comovida
De ser na tua vida o que buscaste

Tão dolorosamente pela vida?
Ela é rosa, poeta… assim se chama…
Sente bem seu perfume… Ela te ama…

RIO, JULHO DE 1963

AUSÊNCIA

Eu deixarei que morra em mim o desejo de amar
[os teus olhos que são doces
Porque nada te poderei dar senão a mágoa de me
[veres eternamente exausto.
No entanto a tua presença é qualquer coisa como
[a luz e a vida
E eu sinto que em meu gesto existe o teu gesto e
[em minha voz a tua voz.
Não te quero ter porque em meu ser tudo estaria
[terminado
Quero só que surjas em mim como a fé nos
[desesperados
Para que eu possa levar uma gota de orvalho nesta
[terra amaldiçoada
Que ficou sobre a minha carne como uma nódoa
[do passado.
Eu deixarei... tu irás e encostarás a tua face
[em outra face
Teus dedos enlaçarão outros dedos e tu
[desabrocharás para a madrugada
Mas tu não saberás que quem te colheu fui eu,
[porque eu fui o grande íntimo da noite
Porque eu encostei minha face na face da noite
[e ouvi a tua fala amorosa
Porque meus dedos enlaçaram os dedos da névoa
[suspensos no espaço

E eu trouxe até mim a misteriosa essência do teu
[abandono desordenado.
Eu ficarei só como os veleiros nos portos silenciosos
Mas eu te possuirei mais que ninguém porque
[poderei partir
E todas as lamentações do mar, do vento, do céu, das
[aves, das estrelas
Serão a tua voz presente, a tua voz ausente, a tua voz
[serenizada.

EU NÃO EXISTO SEM VOCÊ

COM COAUTORIA DE ANTONIO CARLOS JOBIM

Eu sei e você sabe, já que a vida quis assim
Que nada nesse mundo levará você de mim
Eu sei e você sabe que a distância não existe
Que todo grande amor
Só é bem grande se for triste
Por isso, meu amor
Não tenha medo de sofrer
Que todos os caminhos me encaminham pra você

Assim como o oceano
Só é belo com luar
Assim como a canção
Só tem razão se se cantar
Assim como uma nuvem
Só acontece se chover
Assim como o poeta
Só é grande se sofrer
Assim como viver
Sem ter amor não é viver

Não há você sem mim
E eu não existo sem você

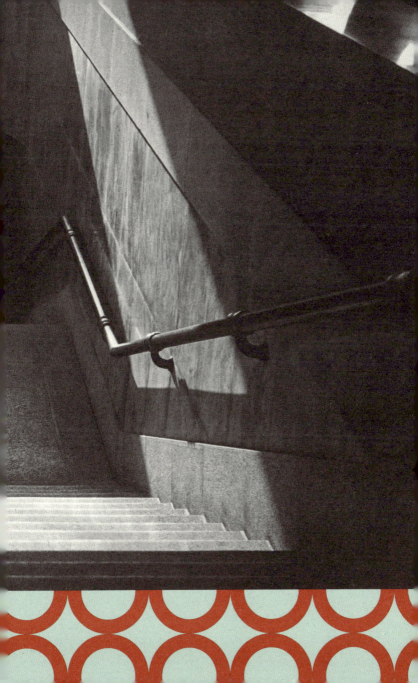

A MULHER QUE PASSA

A PEDRO NAVA

Meu Deus, eu quero a mulher que passa.
Seu dorso frio é um campo de lírios
Tem sete cores nos seus cabelos
Sete esperanças na boca fresca!

Oh! como és linda, mulher que passas
Que me sacias e suplicias
Dentro das noites, dentro dos dias!

Teus sentimentos são poesia
Teus sofrimentos, melancolia.
Teus pelos leves são relva boa
Fresca e macia.
Teus belos braços são cisnes mansos
Longe das vozes da ventania.

Meu Deus, eu quero a mulher que passa!

Como te adoro, mulher que passas
Que vens e passas, que me sacias
Dentro das noites, dentro dos dias!
Por que me faltas, se te procuro?
Por que me odeias quando te juro
Que te perdia se me encontravas
E me encontrava se te perdias?

Por que não voltas, mulher que passas?
Por que não enches a minha vida?
Por que não voltas, mulher querida
Sempre perdida, nunca encontrada?
Por que não voltas à minha vida?
Para o que sofro não ser desgraça?

Meu Deus, eu quero a mulher que passa!
Eu quero-a agora, sem mais demora
A minha amada mulher que passa!

No santo nome do teu martírio
Do teu martírio que nunca cessa
Meu Deus, eu quero, quero depressa
A minha amada mulher que passa!

Que fica e passa, que pacifica
Que é tanto pura como devassa
Que boia leve como a cortiça
E tem raízes como a fumaça.

PELA LUZ DOS OLHOS TEUS

Quando a luz dos olhos meus
E a luz dos olhos teus
Resolvem se encontrar
Ai, que bom que isso é, meu Deus
Que frio que me dá
O encontro desse olhar

Mas se a luz dos olhos teus
Resiste aos olhos meus
Só pra me provocar
Meu amor, juro por Deus
Me sinto incendiar

Meu amor, juro por Deus
Que a luz dos olhos meus
Já não pode esperar
Quero a luz dos olhos meus
Na luz dos olhos teus
Sem mais lararará

Pela luz dos olhos teus
Eu acho, meu amor
E só se pode achar
Que a luz dos olhos meus
Precisa se casar

CANÇÃO PARA A AMIGA DORMINDO

Dorme, amiga, dorme
Teu sono de rosa
Uma paz imensa
Desceu nesta hora.
Cerra bem as pétalas
Do teu corpo imóvel
E pede ao silêncio
Que não vá embora.

Dorme, amiga, o sono
Teu de menininha
Minha vida é a tua
Tua morte é a minha.
Dorme e me procura
Na ausente paisagem...
Nela a minha imagem
Restará mais pura.

Dorme, minha amada
Teu sono de estrela
Nossa morte, nada
Poderá detê-la.
Mas dorme, que assim
Dormirás um dia
Na minha poesia
De um sono sem fim...

SONETO DA MULHER AO SOL

Uma mulher ao sol — eis todo o meu desejo
Vinda do sal do mar, nua, os braços em cruz
A flor dos lábios entreaberta para o beijo
A pele a fulgurar todo o pólen da luz.

Uma linda mulher com os seios em repouso
Nua e quente de sol — eis tudo o que eu preciso
O ventre terso, o pelo úmido, e um sorriso
À flor dos lábios entreabertos para o gozo.

Uma mulher ao sol sobre quem me debruce
Em quem beba e a quem morda e com quem me
                                                [lamente
E que ao se submeter se enfureça e soluce

E tente me expelir, e ao me sentir ausente
Me busque novamente — e se deixa a dormir
Quando, pacificado, eu tiver de partir...

A BORDO DO *ANDREA C.*, A CAMINHO DA FRANÇA,
NOVEMBRO DE 1956

AMOR EM PAZ

COM COAUTORIA DE ANTONIO CARLOS JOBIM

Eu amei
Eu amei, ai de mim, muito mais
Do que devia amar
E chorei
Ao sentir que iria sofrer
E me desesperar

Foi então
Que da minha infinita tristeza
Aconteceu você
Encontrei em você a razão de viver
E de amar em paz
E não sofrer mais

Nunca mais
Porque o amor é a coisa mais triste
Quando se desfaz

TERNURA

Eu te peço perdão por te amar de repente
Embora o meu amor seja uma velha canção nos teus
[ouvidos
Das horas que passei à sombra dos teus gestos
Bebendo em tua boca o perfume dos sorrisos
Das noites que vivi acalentado
Pela graça indizível dos teus passos eternamente
[fugindo
Trago a doçura dos que aceitam melancolicamente.
E posso te dizer que o grande afeto que te deixo
Não traz o exaspero das lágrimas nem a fascinação
[das promessas
Nem as misteriosas palavras dos véus da alma...
É um sossego, uma unção, um transbordamento de
[carícias
E só te pede que te repouses quieta, muito quieta
E deixes que as mãos cálidas da noite encontrem
[sem fatalidade o olhar extático da aurora.

A BRUSCA POESIA DA MULHER AMADA

A MURILO MENDES

Longe dos pescadores os rios infindáveis vão
        [morrendo de sede lentamente...
Eles foram vistos caminhando de noite para o amor
        [— oh, a mulher amada é como a fonte!

A mulher amada é como o pensamento do filósofo
        [sofrendo
A mulher amada é como o lago dormindo no cerro
        [perdido
Mas quem é essa misteriosa que é como um círio
        [crepitando no peito?
Essa que tem olhos, lábios e dedos dentro da forma
        [inexistente?

Pelo trigo a nascer nas campinas de sol a terra
        [amorosa elevou a face pálida dos lírios
E os lavradores foram se mudando em príncipes de
        [mãos finas e rostos transfigurados...

Oh, a mulher amada é como a onda sozinha
        [correndo distante das praias
Pousada no fundo estará a estrela, e mais além.

A BRUSCA POESIA DA MULHER AMADA (II)

A mulher amada carrega o cetro, o seu fastígio
É máximo. A mulher amada é aquela que aponta
                              [para a noite
E de cujo seio surge a aurora. A mulher amada
É quem traça a curva do horizonte e dá linha ao
                              [movimento dos astros.
Não há solidão sem que sobrevenha a mulher amada
Em seu acúmen. A mulher amada é o padrão índigo
                              [da cúpula
E o elemento verde antagônico. A mulher amada
É o tempo passado no tempo presente no tempo
                              [futuro
No sem tempo. A mulher amada é o navio submerso
É o tempo submerso, é a montanha imersa em
                              [líquen.
É o mar, é o mar, é o mar a mulher amada
E sua ausência. Longe, no fundo plácido da noite
Outra coisa não é senão o seio da mulher amada
Que ilumina a cegueira dos homens. Alta, tranquila
                              [e trágica
É essa que eu chamo pelo nome de mulher amada
Nascitura. Nascitura da mulher amada
É a mulher amada. A mulher amada é a mulher
                              [amada é a mulher amada
É a mulher amada. Quem é que semeia o vento? —
                              [a mulher amada!

Quem colhe a tempestade? — a mulher amada!
        [Quem determina os meridianos?
               [— a mulher
Amada! Quem a misteriosa portadora de si mesma?
A mulher amada! Talvegue, estrela, petardo
Nada a não ser a mulher amada necessariamente
              [amada
Quando! E de outro não seja, pois é ela
A coluna e o gral, a fé e o símbolo, implícita
Na criação. Por isso, seja ela! A ela o canto e a
              [oferenda
O gozo e o privilégio, a taça erguida e o sangue do
              [poeta
Correndo pelas ruas e iluminando as perplexidades.
Eia, a mulher amada! Seja ela o princípio e o fim de
              [todas as coisas.
Poder geral, completo, absoluto à mulher amada!

RIO, 1950

A BRUSCA POESIA DA MULHER AMADA (III)*

A NELITA

Minha mãe, alisa de minha fronte todas as cicatrizes
[do passado
Minha irmã, conta-me histórias da infância em que
[eu haja sido herói sem mácula
Meu irmão, verifica-me a pressão, o colesterol, a
[turvação do timol, a bilirrubina
Maria, prepara-me uma dieta baixa em calorias,
[preciso perder cinco quilos
Chamem-me a massagista, o florista, o amigo fiel
[para as confidências
E comprem bastante papel; quero todas as minhas
[esferográficas
Alinhadas sobre a mesa, as pontas prestes à poesia
Eis que se anuncia de modo sumamente grave
A vinda da mulher amada, de cuja fragrância
Já me chega o rastro.
É ela uma menina, parece de plumas
E seu canto inaudível acompanha desde muito a
[migração dos ventos
Empós meu canto. É ela uma menina
Como um jovem pássaro, uma súbita e lenta
[dançarina

---

* O número entre parênteses busca diferenciar este poema de outros
dois com o mesmo título, "A brusca poesia da mulher amada". (N. E.)

Que para mim caminha em pontas, os braços
[suplicantes
Do meu amor em solidão. Sim, eis que os arautos
Da descrença começam a encapuzar-se em negros
[mantos
Para cantar seus réquiens e os falsos profetas
A ganhar rapidamente os logradouros para gritar
[suas mentiras
Mas nada a detém; ela avança, rigorosa
Em rodopios nítidos
Criando vácuos onde morrem as aves.
Seu corpo, pouco a pouco
Abre-se em pétalas... Ei-la que vem vindo
Como uma escura rosa voltejante
Surgida de um jardim imerso em trevas.
Ela vem vindo... Desnudai-me, aversos!
Lavai-me, chuvas! Enxugai-me, ventos!
Alvorecei-me, auroras nascituras!
Eis que chega de longe, como a estrela
De longe, como o tempo
A minha amada última!

SONETO DE INSPIRAÇÃO

Não te amo como uma criança, nem
Como um homem e nem como um mendigo
Amo-te como se ama todo o bem
Que o grande mal da vida traz consigo.

Não é nem pela calma que me vem
De amar, nem pela glória do perigo
Que me vem de te amar, que te amo; digo
Antes que por te amar não sou ninguém.

Amo-te pelo que és, pequena e doce
Pela infinita inércia que me trouxe
A culpa é de te amar — soubesse eu ver

Através de tua carne defendida
Que sou triste demais para esta vida
E que és pura demais para sofrer.

CARNE

Que importa se a distância estende entre nós léguas
[e léguas
Que importa se existe entre nós muitas montanhas?
O mesmo céu nos cobre
E a mesma terra liga nossos pés.
No céu e na terra é tua carne que palpita
Em tudo eu sinto o teu olhar se desdobrando
Na carícia violenta do teu beijo.
Que importa a distância e que importa a montanha
Se tu és a extensão da carne
Sempre presente?

ELEGIA LÍRICA

Um dia, tendo ouvido bruscamente o apelo da
[amiga desconhecida
Pus-me a descer contente pela estrada branca
[do sul
E em vão eram tristes os rios e torvas as águas
Nos vales havia mais poesia que em mil anos.

Eu devia ser como o filósofo errante à imagem da
[Vida
O riso me levava nas asas vertiginosas das
[andorinhas
E em vão eram tristes os rios e torvas as águas
Sobre o horizonte em fogo cavalos vermelhos
[pastavam.

Por todos os lados flores, não flores ardentes, mas
[outras flores
Singelas, que se poderiam chamar de outros nomes
[que não os seus
Flores como borboletas prisioneiras, algumas
[pequenas e pobrezinhas
Que lá aos vossos pés riam-se como orfãzinhas
[despertadas.

Que misericórdia sem termo vinha se abatendo
[sobre mim!

Meus braços se fizeram longos para afagar os seios
[das montanhas
Minhas mãos se tornaram leves para reconduzir o
[animalzinho transviado
Meus dedos ficaram suaves para afagar a pétala
[murcha.

E acima de tudo me abençoava o anjo do amor
[sonhado...
Seus olhos eram puros e mutáveis como
[profundezas de lago
Ela era como uma nuvem branca num céu de tarde
Triste, mas tão real e evocativa como uma pintura.

Cheguei a querê-la em lágrimas, como uma criança
Vendo-a dançar ainda quente de sol nas gazes frias
[da chuva
E a correr para ela, quantas vezes me descobri
[confuso
Diante de fontes nuas que me prendiam e me
[abraçavam...

Meu desejo era bom e meu amor fiel
Versos que outrora fiz vinham-me sorrir à boca...
Oh, doçura! que colmeia és de tanta abelha
Em meu peito a derramares mel tão puro!

E vi surgirem as luzes brancas da cidade
Que me chamavam; e fui... Cheguei feliz
Abri a porta... ela me olhou e perguntou meu
                                        [nome:
Era uma criança, tinha olhos exaltados, parecia me
                                        [esperar.

*

A minha namorada é tão bonita, tem olhos como
                            [besourinhos do céu
Tem olhos como estrelinhas que estão sempre
                      [balbuciando aos passarinhos...
É tão bonita! tem um cabelo fino, um corpo menino
                            [e um andar pequenino
E é a minha namorada... vai e vem como uma
                      [patativa, de repente morre de amor
Tem fala de S e dá a impressão que está entrando
                            [por uma nuvem adentro...
Meu Deus, eu queria brincar com ela, fazer
                      [comidinha, jogar nai-ou-nentes
Rir e num átimo dar um beijo nela e sair correndo
E ficar de longe espiando-lhe a zanga, meio vexado,
                      [meio sem saber o que faça...
A minha namorada é muito culta, sabe aritmética,
                      [geografia, história, contraponto

E se eu lhe perguntar qual a cor mais bonita ela não
[dirá que é a roxa porém brique.
Ela faz coleção de cactos, acorda cedo, vai para o
[trabalho
E nunca se esquece que é a menininha do poeta.
Se eu lhe perguntar: Meu anjo, quer ir à Europa?
[ela diz: Quero se mamãe for!
Se eu lhe perguntar: Meu anjo, quer casar comigo?
[ela diz... — não, ela não acredita.
É doce! gosta muito de mim e sabe dizer sem
[lágrimas: Vou sentir tantas saudades
[quando você for...
É uma nossa senhorazinha, é uma cigana, é uma
[coisa
Que me faz chorar na rua, dançar no quarto,
[ter vontade de me matar e de ser
[presidente da República
É boba, ela! tudo faz, tudo sabe, é linda, ó anjo de
[Domrémy!
Deem-lhe uma espada, constrói um reino; deem-lhe
[uma agulha, faz um crochê
Deem-lhe um teclado, faz uma aurora, deem-lhe
[razão, faz uma briga...!
E do pobre ser que Deus lhe deu, eu, filho pródigo,
[poeta cheio de erro
Ela fez um eterno perdido...

"Meu benzinho adorado minha triste irmãzinha eu te peço por tudo o que há de mais sagrado que você me escreva uma cartinha sim dizendo como é que você vai que eu não sei eu ando tão zaranza por causa do teu abandono eu choro e um dia pego tomo um porre danado que você vai ver e aí nunca mais mesmo que você me quer e sabe o que eu faço eu vou-me embora para sempre e nunca mais vejo esse rosto lindo que eu adoro porque você é toda a minha vida e eu só escrevo por tua causa ingrata e só trabalho para casar com você quando a gente puder porque agora tudo está tão difícil mas melhora não se afobe e tenha confiança em mim que te quero acima do próprio Deus que me perdoe eu dizer isso mas é sincero porque ele sabe que ontem pensei todo o dia em você e acabei chorando no rádio por causa daquele estudo de Chopin que você tocou antes de eu ir-me embora e imagina só que estou fazendo uma história para você muito bonita e quando chega de noite eu fico tão triste que até dá pena e tenho vontade de ir correndo te ver e beijo o ar feito bobo com uma coisa no coração que já fui até no médico mas ele disse que é nervoso e me falou que eu sou emotivo e eu peguei ri na cara dele e ele ficou uma fera que a medicina dele não sabe que o meu bem está longe melhor para ele eu só queria te ver uma meia hora eu pedia tanto

que você acabava ficando enfim adeus que já estou
até cansado de tanta saudade e tem gente aqui perto
e fica feio eu chorar na frente deles eu não posso
adeus meu rouxinol me diz boa-noite e dorme pen-
sando neste que te adora e se puder pensa o menos
possível no teu amigo para você não se entristecer
muito que só mereces felicidade do teu definitivo e
sempre amigo…"

*

Tudo é expressão.
Neste momento, não importa o que eu te diga
Voa de mim como uma incontensão de alma ou
$\qquad$[como um afago.
Minhas tristezas, minhas alegrias
Meus desejos são teus, toma, leva-os contigo!
És branca, muito branca
E eu sou quase eterno para o teu carinho.
Não quero dizer nem que te adoro
Nem que tanto me esqueço de ti
Quero dizer-te em outras palavras todos os votos de
$\qquad$[amor jamais sonhados
Alóvena, ebaente
Puríssima, feita para morrer…

"Oh
Crucificado estou
Na ânsia deste amor
Que o pranto me transporta sobre o mar
Pelas cordas desta lira
Todo o meu ser delira
Na alma da viola a soluçar!"
Bordões, primas
Falam mais que rimas.
É estranho
Sinto que ainda estou longe de tudo
Que talvez fosse melhor cantar um blues
Yes!
Mas
O maior medo é que não me ouças
Que estejas deitada sonhando comigo
Vendo o vento soprar o avental da tua janela
Ou na aurora boreal de uma igreja escutando se
                        [erguer o sol de Deus.
Mas tudo é expressão!
Insisto nesse ponto, senhores jurados
O meu amor diz frases temíveis:
Angústia mística
Teorema poético
Cultura grega dos passeios no parque

No fundo o que eu quero é que ninguém me entenda
Para eu poder te amar tragicamente!

A QUE VEM DE LONGE

A minha amada veio de leve
A minha amada veio de longe
A minha amada veio em silêncio
      Ninguém se iluda.

A minha amada veio da treva
Surgiu da noite qual dura estrela
Sempre que penso no seu martírio
      Morro de espanto.

A minha amada veio impassível
Os pés luzindo de luz macia
Os alvos braços em cruz abertos
      Alta e solene.

Ao ver-me posto, triste e vazio
Num passo rápido a mim chegou-se
E com singelo, doce ademane
      Roçou-me os lábios.

Deixei-me preso ao seu rosto grave
Preso ao seu riso no entanto ausente
Inconsciente de que chorava
      Sem dar-me conta.

Depois senti-lhe o tímido tato
Dos lentos dedos tocar-me o peito
E as unhas longas se me cravarem
      Profundamente.

Aprisionado num só meneio
Ela cobriu-me de seus cabelos
E os duros lábios no meu pescoço
      Pôs-se a sugar-me.

Muitas auroras transpareceram
Do meu crescente ficar exangue
Enquanto a amada suga-me o sangue
      Que é a luz da vida.

1951

TEU NOME

Teu nome, Maria Lúcia
Tem qualquer coisa que afaga
Como uma lua macia
Brilhando à flor de uma vaga.
Parece um mar que marulha
De manso sobre uma praia
Tem o palor que irradia
A estrela quando desmaia.
É um doce nome de filha
E um belo nome de amada
Lembra um pedaço de ilha
Surgindo de madrugada.
Tem um cheirinho de murta
E é suave como a pelúcia
É acorde que nunca finda
É coisa por demais linda
Teu nome, Maria Lúcia...

MONTEVIDÉU, 29.9.1958

SONETO DE SEPARAÇÃO

De repente do riso fez-se o pranto
Silencioso e branco como a bruma
E das bocas unidas fez-se a espuma
E das mãos espalmadas fez-se o espanto.

De repente da calma fez-se o vento
Que dos olhos desfez a última chama
E da paixão fez-se o pressentimento
E do momento imóvel fez-se o drama.

De repente, não mais que de repente
Fez-se de triste o que se fez amante
E de sozinho o que se fez contente.

Fez-se do amigo próximo o distante
Fez-se da vida uma aventura errante
De repente, não mais que de repente.

OCEANO ATLÂNTICO,
A BORDO DO *HIGHLAND PATRIOT*,
A CAMINHO DA INGLATERRA,
SETEMBRO DE 1938

RETRATO DE MARIA LÚCIA

Tu vens de longe; a pedra
Suavizou seu tempo
Para entalhar-te o rosto
Ensimesmado e lento

Teu rosto como um templo
Voltado para o oriente
Remoto como o nunca
Eterno como o sempre

E que subitamente
Se aclara e movimenta
Como se a chuva e o vento

Cedessem seu momento
À pura claridade
Do sol do amor intenso!

MONTEVIDÉU, 1959

SONETO DO AMOR TOTAL

Amo-te tanto, meu amor... não cante
O humano coração com mais verdade...
Amo-te como amigo e como amante
Numa sempre diversa realidade.

Amo-te afim, de um calmo amor prestante
E te amo além, presente na saudade
Amo-te, enfim, com grande liberdade
Dentro da eternidade e a cada instante.

Amo-te como um bicho, simplesmente
De um amor sem mistério e sem virtude
Com um desejo maciço e permanente.

E de te amar assim, muito e amiúde
É que um dia em teu corpo, de repente
Hei de morrer de amar mais do que pude.

RIO, 1951

TOMARA

COM MÚSICA DE VINICIUS DE MORAES

Tomara
Que você volte depressa
Que você não se despeça
Nunca mais do meu carinho
E chore, se arrependa
E pense muito
Que é melhor se sofrer junto
Que viver feliz sozinho

Tomara
Que a tristeza te convença
Que a saudade não compensa
E que a ausência não dá paz
E o verdadeiro amor de quem se ama
Tece a mesma antiga trama
Que não se desfaz

E a coisa mais divina
Que há no mundo
É viver cada segundo
Como nunca mais

O MAIS-QUE-PERFEITO

Ah, quem me dera ir-me
Contigo agora
Para um horizonte firme
(Comum, embora…)
Ah, quem me dera ir-me!

Ah, quem me dera amar-te
Sem mais ciúmes
De alguém em algum lugar
Que não presumes…
Ah, quem me dera amar-te!

Ah, quem me dera ver-te
Sempre a meu lado
Sem precisar dizer-te
Jamais: cuidado…
Ah, quem me dera ver-te!

Ah, quem me dera ter-te
Como um lugar
Plantado num chão verde
Para eu morar-te
Morar-te até morrer-te…

MONTEVIDÉU, 1.11.1958

SONETO DO AMOR COMO UM RIO

Este infinito amor de um ano faz
Que é maior do que o tempo e do que tudo
Este amor que é real, e que, contudo
Eu já não cria que existisse mais.

Este amor que surgiu insuspeitado
E que dentro do drama fez-se em paz
Este amor que é o túmulo onde jaz
Meu corpo para sempre sepultado.

Este amor meu é como um rio; um rio
Noturno, interminável e tardio
A deslizar macio pelo ermo

E que em seu curso sideral me leva
Iluminado de paixão na treva
Para o espaço sem fim de um mar sem termo.

MONTEVIDÉU, 1959

SONETO DE MARTA

Teu rosto, amada minha, é tão perfeito
Tem uma luz tão cálida e divina
Que é lindo vê-lo quando se ilumina
Como se um círio ardesse no teu peito

E é tão leve teu corpo de menina
Assim de amplos quadris e busto estreito
Que dir-se-ia uma jovem dançarina
De pele branca e fina, e olhar direito

Deverias chamar-te Claridade
Pelo modo espontâneo, franco e aberto
Com que encheste de cor meu mundo escuro

E sem olhar nem vida nem idade
Me deste de colher em tempo certo
Os frutos verdes deste amor maduro.

RIBEIRÃO PRETO, 5.6.1975

ANFIGURI

Aquilo que eu ouso
Não é o que quero
Eu quero o repouso
Do que não espero.

Não quero o que tenho
Pelo que custou
Não sei de onde venho
Sei para onde vou.

Homem, sou a fera
Poeta, sou um louco
Amante, sou pai.

Vida, quem me dera...
Amor, dura pouco...
Poesia, ai!...

RIO, 1965

O VERBO NO INFINITO

Ser criado, gerar-se, transformar
O amor em carne e a carne em amor; nascer
Respirar, e chorar, e adormecer
E se nutrir para poder chorar

Para poder nutrir-se; e despertar
Um dia à luz e ver, ao mundo e ouvir
E começar a amar e então sorrir
E então sorrir para poder chorar.

E crescer, e saber, e ser, e haver
E perder, e sofrer, e ter horror
De ser e amar, e se sentir maldito

E esquecer tudo ao vir um novo amor
E viver esse amor até morrer
E ir conjugar o verbo no infinito...

RIO, 1960

CONJUGAÇÃO DA AUSENTE

Foram precisos mais dez anos e oito quilos
Muitas cãs e um princípio de abdômen
(Sem falar na Segunda Grande Guerra, na descoberta
            [da penicilina e na desagregação do átomo)
Foram precisos dois filhos e sete casas
(Em lugares como São Paulo, Londres, Cascais,
                    [Ipanema e Hollywood)
Foram precisos três livros de poesia e uma operação
                    [de apendicite
Algumas prevaricações e um exequátur
Fora preciso a aquisição de uma consciência política
E de incontáveis garrafas; fora preciso um desastre
                        [de avião
Foram precisas separações, tantas separações
Uma separação...

Tua graça caminha pela casa.
Moves-te blindada em abstrações, como um T. Trazes
A cabeça enterrada nos ombros qual escura
Rosa sem haste. És tão profundamente
Que irrelevas as coisas, mesmo do pensamento.
A cadeira é cadeira e o quadro é quadro
Porque te participam. Fora, o jardim
Modesto como tu, murcha em antúrios
A tua ausência. As folhas te outonam, a grama te
Quer. És vegetal, amiga...

Amiga! direi baixo o teu nome
Não ao rádio ou ao espelho, mas à porta
Que te emoldura, fatigada, e ao
Corredor que para
Para te andar, adunca, inutilmente

Rápida. Vazia a casa
Raios, no entanto, desse olhar sobejo
Oblíquos cristalizam tua ausência.
Vejo-te em cada prisma, refletindo
Diagonalmente a múltipla esperança
E te amo, te venero, te idolatro
Numa perplexidade de criança.

UM BEIJO

Um minuto o nosso beijo
Um só minuto; no entanto
Nesse minuto de beijo
Quantos segundos de espanto!
Quantas mães e esposas loucas
Pelo drama de um momento
Quantos milhares de bocas
Uivando de sofrimento!
Quantas crianças nascendo
Para morrer em seguida
Quanta carne se rompendo
Quanta morte pela vida!
Quantos adeuses efêmeros
Tomados o último adeus
Quantas tíbias, quantos fêmures
Quanta loucura de Deus!
Que mundo de mal-amadas
Com as esperanças perdidas
Que cardume de afogadas
Que pomar de suicidas!
Que mar de entranhas correndo
De corpos desfalecidos
Que choque de trens horrendo
Quantos mortos e feridos!
Que dízima de doentes
Recebendo a extrema-unção

Quanto sangue derramado
Dentro do meu coração!
Quanto cadáver sozinho
Em mesa de necrotério
Quanta morte sem carinho
Quanto canhenho funéreo!

SONETO DE MONTEVIDÉU

Não te rias de mim, que as minhas lágrimas
São água para as flores que plantaste
No meu ser infeliz, e isso lhe baste
Para querer-te sempre mais e mais.

Não te esqueças de mim, que desvendaste
A calma ao meu olhar ermo de paz
Nem te ausentes de mim quando se gaste
Em ti esse carinho em que te esvais.

Não me ocultes jamais teu rosto; dize-me
Sempre esse manso adeus de quem aguarda
Um novo manso adeus que nunca tarda

Ao amante dulcíssimo que fiz-me
À tua pura imagem, ó anjo da guarda
Que não dás tempo a que a distância cisme.

MONTEVIDÉU, 1959

O QUE TINHA DE SER

COM COAUTORIA DE ANTONIO CARLOS JOBIM

Porque foste na vida
A última esperança
Encontrar-te me fez criança
Porque já eras meu
Sem eu saber sequer
Porque és o meu homem
E eu tua mulher

Porque tu me chegaste
Sem me dizer que vinhas
E tuas mãos foram minhas com calma
Porque foste em minh'alma
Como um amanhecer
Porque foste o que tinha de ser

AMOR

Vamos brincar, amor? vamos jogar peteca
Vamos atrapalhar os outros, amor, vamos sair
                         [correndo
Vamos subir no elevador, vamos sofrer calmamente
                        [e sem precipitação?
Vamos sofrer, amor? males da alma, perigos
Dores de má fama íntimas como as chagas de Cristo
Vamos, amor? vamos tomar porre de absinto
Vamos tomar porre de coisa bem esquisita, vamos
Fingir que hoje é domingo, vamos ver
O afogado na praia, vamos correr atrás do batalhão?
Vamos, amor, tomar *thé* na Cavé com madame de
                        [Sevignée
Vamos roubar laranja, falar nome, vamos inventar
Vamos criar beijo novo, carinho novo, vamos visitar
                        [N. Sra. do Parto?
Vamos, amor? vamos nos persuadir imensamente
                        [dos acontecimentos vagos
Vamos fazer neném dormir, botar ele no urinol
Vamos, amor?
— Porque excessivamente grave é a Vida.

CARTA DO AUSENTE

Meus amigos, se durante o meu recesso virem por
                       [acaso passar a minha amada
Peçam silêncio geral. Depois
Apontem para o infinito. Ela deve ir
Como uma sonâmbula, envolta numa aura
De tristeza, pois seus olhos
Só verão a minha ausência. Ela deve
Estar cega a tudo o que não seja o meu amor (esse
                                 [indizível
Amor que vive trancado em mim como num cárcere
Mirando empós seu rastro).
Se for à tarde, comprem e desfolhem rosas
À sua melancólica passagem, e se puderem
Entoem *cantus primus*. Que cesse totalmente o tráfego
E silenciem as buzinas de modo que se ouça
                            [longamente
O ruído de seus passos. Ah, meus amigos
Ponham as mãos em prece e roguem, não importa a
                           [que ser ou divindade
Por que bem haja a minha grande amada
Durante o meu recesso, pois sua vida
É minha vida, sua morte a minha morte. Sendo
                              [possível
Soltem pombas brancas em quantidade suficiente
                         [para que se faça em torno
A suave penumbra que lhe apraz. Se houver por perto

Uma hi-fi, coloquem o "Noturno em si bemol" de
[Chopin; e se porventura
Ela se puser a chorar, oh recolham-lhe as lágrimas
[em pequenos frascos de opalina
A me serem mandados regularmente pela mala
[diplomática.
Meus amigos, meus irmãos (e todos
Os que amam a minha poesia)
Se por acaso virem passar a minha amada
Salmodiem versos meus. Ela estará sobre uma
[nuvem
Envolta numa aura de tristeza
O coração em luz transverberado. Ela é aquela
Que eu não pensava mais possível, nascida
Do meu desespero de não encontrá-la. Ela é aquela
Por quem caminham as minhas pernas e para quem
[foram feitos os meus braços
Ela é aquela que eu amo no meu tempo
E que amarei na minha eternidade — a amada
Una e impretérita. Por isso
Procedam com discrição mas eficiência: que ela
Não sinta o seu caminho, e que este, ademais
Ofereça a maior segurança. Seria sem dúvida de
[grande acerto
Não se locomovesse ela de todo, de maneira
A evitar os perigos inerentes às leis da gravidade

E do momentum dos corpos, e principalmente
                  [aqueles devidos
À falibilidade dos reflexos humanos. Sim, seria
                [extremamente preferível
Se mantivesse ela reclusa em andar térreo e
                    [intramuros
Num ambiente azul de paz e música. Oh, que ela evite
Sobretudo dirigir à noite e estar sujeita aos
                   [imprevistos
Da loucura dos tempos. Que ela se proteja, a minha
                      [amada
Contra os males terríveis desta ausência
Com música e equanil. Que ela pense, agora e sempre
Em mim que longe dela ando vagando
Pelos jardins noturnos da paixão
E da melancolia. Que ela se defenda, a minha amiga
Contra tudo o que anda, voa, corre e nada; e que se
                      [lembre
Que devemos nos encontrar, e para tanto
É preciso que estejamos íntegros, e acontece
Que os perigos são máximos, e o amor de repente,
                  [de tão grande
Tornou tudo frágil, extremamente, extremamente
                    [frágil.

MONTEVIDÉU, JULHO DE 1958

SONETO DE FIDELIDADE

De tudo, ao meu amor serei atento
Antes, e com tal zelo, e sempre, e tanto
Que mesmo em face do maior encanto
Dele se encante mais meu pensamento.

Quero vivê-lo em cada vão momento
E em seu louvor hei de espalhar meu canto
E rir meu riso e derramar meu pranto
Ao seu pesar ou seu contentamento.

E assim, quando mais tarde me procure
Quem sabe a morte, angústia de quem vive
Quem sabe a solidão, fim de quem ama

Eu possa me dizer do amor (que tive):
Que não seja imortal, posto que é chama
Mas que seja infinito enquanto dure.

ESTORIL, OUTUBRO DE 1939

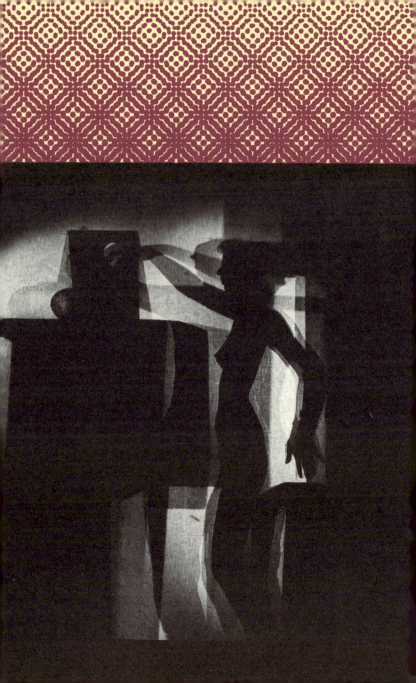

SERENATA DO ADEUS

COM MÚSICA DE VINICIUS DE MORAES

Ai, a lua que no céu surgiu
Não é a mesma que te viu
Nascer dos braços meus
Cai a noite sobre o nosso amor
E agora só restou do amor
Uma palavra: adeus

Ai, vontade de ficar
Mas tendo de ir embora
Ai, que amar é se ir morrendo pela vida afora
É refletir na lágrima
Um momento breve
De uma estrela pura, cuja luz morreu

Ah, mulher, estrela a refulgir
Parte, mas antes de partir
Rasga o meu coração
Crava as garras no meu peito em dor
E esvai em sangue todo amor
Toda a desilusão

Ai, vontade de ficar
Mas tendo de ir embora
Ai, que amar é se ir morrendo pela vida afora
É refletir na lágrima
Um momento breve de uma estrela pura

Cuja luz morreu
Numa noite escura
Triste como eu

NA ESPERANÇA DE TEUS OLHOS

Eu ouvi no meu silêncio o prenúncio de teus passos
Penetrando lentamente as solidões da minha espera
E tu eras, Coisa Linda, me chegando dos espaços
Como a vinda impressentida de uma nova primavera.
Vinhas cheia de alegria, coroada de guirlandas
Com sorrisos onde havia burburinhos de água clara
Cada gesto que fazias semeava uma esperança
E existiam mil estrelas nos olhares que me davas.
Ai de mim, eu pus-me a amar-te, pus-me a amar-te
                                  [mais ainda
Porque a vida no meu peito se fizera num deserto
E tu apenas me sorrias, me sorrias, Coisa Linda
Como a fonte inacessível que de súbito está perto.
Pelas rútilas ameias do teu riso entreaberto
Fui subindo, fui subindo no desejo de teus olhos
E o que vi era tão lindo, tão alegre, tão desperto
Que do alburno do meu tronco despontaram folhas
                                  [novas.
Eu te juro, Coisa Linda: vi nascer a madrugada
Entre os bordos delicados de tuas pálpebras meninas
E perdi-me em plena noite, luminosa e espiralada
Ao cair no negro vórtice letal de tuas retinas.
E é por isso que eu te peço: resta um pouco em minha
                                  [vida
Que meus deuses estão mortos, minhas musas estão
                                  [findas

E de ti eu só quisera fosses minha primavera
E só espero, Coisa Linda, dar-te muitas coisas
[lindas...

RIO, 1966

OS ACROBATAS

Subamos!
Subamos acima
Subamos além, subamos
Acima do além, subamos!
Com a posse física dos braços
Inelutavelmente galgaremos
O grande mar de estrelas
Através de milênios de luz.

Subamos!
Como dois atletas
O rosto petrificado
No pálido sorriso do esforço
Subamos acima
Com a posse física dos braços
E os músculos desmesurados
Na calma convulsa da ascensão.

Oh, acima
Mais longe que tudo
Além, mais longe que acima do além!
Como dois acrobatas
Subamos, lentíssimos
Lá onde o infinito
De tão infinito
Nem mais nome tem
Subamos!

Tensos
Pela corda luminosa
Que pende invisível
E cujos nós são astros
Queimando nas mãos
Subamos à tona
Do grande mar de estrelas
Onde dorme a noite
Subamos!

Tu e eu, herméticos
As nádegas duras
A carótida nodosa
Na fibra do pescoço
Os pés agudos em ponta.

Como no espasmo.

E quando
Lá, acima
Além, mais longe que acima do além
Adiante do véu de Betelgeuse
Depois do país de Altair
Sobre o cérebro de Deus

Num último impulso
Libertados do espírito
Despojados da carne
Nós nos possuiremos.

E morreremos
Morreremos alto, imensamente
IMENSAMENTE ALTO.

CRÉDITOS DAS IMAGENS

THOMAZ FARKAS /
Acervo Instituto Moreira Salles
pp. 4-5, 12-3, 24-5, 31,
52-3, 60, 88-9, 94-5

OTTO STUPAKOFF /
Acervo Instituto Moreira Salles
pp. 42-3, 66-7, 80

SOBRE O AUTOR

VINICIUS DE MORAES nasceu em 1913, no Rio de Janeiro. Cursou a Faculdade de Direito, no Rio, e a Universidade de Oxford, onde estudou literatura inglesa. Diplomata, ficou consagrado como um dos principais poetas de língua portuguesa desde seu livro de estreia, *O caminho para a distância*, lançado em 1933. Foi também cronista, crítico de cinema, dramaturgo e letrista. Ao assinar a adaptação da peça *Orfeu da Conceição* com Tom Jobim, os dois deram início a uma intensa e brilhante parceria, que se firmaria como a dupla precursora da bossa nova. Vinicius deixou sua marca definitiva no cancioneiro popular brasileiro, ao lado de uma vasta lista de amigos e músicos, que inclui Baden Powell, Chico Buarque, Carlos Lyra, Edu Lobo e Toquinho. Morreu aos 66 anos, em 1980, no Rio.

ESTA OBRA FOI
COMPOSTA EM MINION
POR CLAUDIA WARRAK
E IMPRESSA EM OFSETE
PELA GEOGRÁFICA SOBRE
PAPEL PÓLEN BOLD
DA SUZANO S.A. PARA
A EDITORA SCHWARCZ
EM MAIO DE 2025

A MARCA FSC® É A GARANTIA DE QUE A MADEIRA UTILIZADA NA FABRICAÇÃO DO PAPEL DESTE LIVRO PROVÉM DE FLORESTAS QUE FORAM GERENCIADAS DE MANEIRA AMBIENTALMENTE CORRETA, SOCIALMENTE JUSTA E ECONOMICAMENTE VIÁVEL, ALÉM DE OUTRAS FONTES DE ORIGEM CONTROLADA.